ra[…] ino

Louis XIV

Textes Fabrice Erre
Dessins Sylvain Savoia

DUPUIS

Fabrice Erre est docteur en histoire
et professeur d'histoire-géographie au lycée Jean Jaurès,
près de Montpellier. Il est l'auteur d'une thèse sur la presse satirique,
du blog *Une année au lycée* sur le site web du *Monde*
et de nombreux ouvrages de bande dessinée.

Sylvain Savoia est le dessinateur de la série *Marzi*
qui raconte l'histoire de la Pologne vue par les yeux d'une enfant.
Il est également l'auteur de l'album *Les esclaves oubliés de Tromelin*
récompensé par le prix de l'Académie de marine de Paris.

Collection dirigée par
Frédéric Niffle et Lewis Trondheim

Dépôt légal : juin 2018 - D.2018/0089/286
ISBN 978-2-3903-4010-2
Imprimé en Belgique par Lesaffre.

PEFC-Certifié
Ce produit est issu de forêts gérées durablement et de sources contrôlées.
PEFC
PEFC/07-31-184
www.pefc.org

www.dupuis.com

TU CROIS QU'IL SUFFIT DE PORTER LA COURONNE POUR AVOIR LE POUVOIR ABSOLU ?

LOUIS XIV, PAR EXEMPLE, UN DES ROIS LES PLUS PUISSANTS DE L'HISTOIRE, A TRAVAILLÉ TOUTE SA VIE POUR IMPOSER SON AUTORITÉ.

POURTANT, ON DEVIENT ROI PAR NAISSANCE, NON ? UN PEU COMME LA FÈVE...
OUI, LOUIS XIV NAÎT LE 5 SEPTEMBRE 1638. IL EST LE FILS DE LOUIS XIII, MAIS SES DÉBUTS NE SONT PAS FACILES. IL PERD SON PÈRE À L'ÂGE DE 4 ANS ET DEMI EN 1643.
VIVE LE ROI !!
LE ROI EST MORT !
C'EST JEUNE ...
LE POUVOIR EST ALORS EXERCÉ PAR SA MÈRE, ANNE D'AUTRICHE, ET SURTOUT PAR LE CARDINAL MAZARIN, PREMIER MINISTRE.
LORSQU'IL A DIX ANS, IL EST TRAUMATISÉ PAR LA "FRONDE", UNE VIOLENTE RÉVOLTE CONTRE L'AUTORITÉ ROYALE QUI VA DURER 5 ANS.

LE PETIT LOUIS XIV EST MÊME OBLIGÉ DE FUIR...
SIRE, IL FAUT QUITTER PARIS !
DIS DONC, ÇA COMMENCE MAL...
EN 1653, LA RÉVOLTE EST VAINCUE. LOUIS N'EST ENCORE QU'UN ADOLESCENT AU POUVOIR FRAGILE... MAIS IL A LA VOLONTÉ DE S'IMPOSER.
IL PARTICIPE ALORS À UN SPECTACLE, LE "BALLET DE LA NUIT", OÙ IL APPARAÎT COSTUMÉ EN SOLEIL !
CET ÉVÉNEMENT MARQUE LE DÉBUT DE SON AFFIRMATION EN ROI ABSOLU.

PENDANT DES ANNÉES, LOUIS XIV VA MONTRER QU'IL EST LE SEUL MAÎTRE.
D'ABORD POLITIQUEMENT, EN 1661, À LA MORT DE MAZARIN...
JUSQU'À PRÉSENT, J'AI BIEN VOULU LAISSER GOUVERNER MES AFFAIRES PAR FEU M. LE CARDINAL ; IL EST TEMPS QUE JE LES GOUVERNE MOI-MÊME.
BAH, C'EST NORMAL POUR UN ROI, NON ?
PAS TANT QUE ÇA. SON PÈRE, LOUIS XIII, A DÛ GOUVERNER AVEC RICHELIEU, ET IL N'AVAIT PAS TOUJOURS LE DERNIER MOT !
LOUIS XIV, LUI, NE VEUT PAS DE CONCURRENT...
ON DIRAIT QU'IL PRÉPARE UN MAUVAIS COUP...

LE MINISTRE DES FINANCES, NICOLAS FOUQUET, EST TRÈS INFLUENT. TROP POUR LE ROI...

FOUQUET RESTERA EN PRISON JUSQU'À SA MORT EN 1680 : TOUT LE MONDE COMPREND QU'IL NE FAUT PAS FAIRE DE L'OMBRE AU ROI.

C'EST BRUTAL ! IL EN A ÉLIMINÉ BEAUCOUP COMME ÇA ?

IL S'ENTOURE D'HOMMES DE CONFIANCE TRÈS EFFICACES DANS LEUR DOMAINE : COLBERT, QUI PREND LA PLACE DE FOUQUET ; LOUVOIS, SECRÉTAIRE D'ÉTAT DE LA GUERRE...
ILS SAVENT QU'IL NE FAUT PAS DÉPLAIRE AU ROI POUR NE PAS TOMBER EN DISGRÂCE À LEUR TOUR.

LES PLUS PROCHES MINISTRES FORMENT LE "CONSEIL D'EN HAUT".
VOUS SAVEZ MES VOLONTÉS, C'EST À VOUS MAINTENANT, MESSIEURS, DE LES EXÉCUTER.

IL S'IMPOSE EN FAISANT PEUR, QUOI...
PAS SEULEMENT... VIENS VOIR...

LOUIS XIV MONTRE AUSSI L'EXEMPLE EN TRAVAILLANT ÉNORMÉMENT.
LE TRAVAIL N'ÉPOUVANTE QUE LES ÂMES FAIBLES.
IL S'INTÉRESSE À TOUS LES DOSSIERS ET VA MODERNISER LE PAYS SUR PLUSIEURS PLANS : COMMERCE, MARINE, MANUFACTURES...
SUR LES CONSEILS DE COLBERT, IL LANCE, PAR EXEMPLE, LA CONSTRUCTION DU CANAL DU MIDI, LE PLUS GRAND CHANTIER DU XVIIe SIÈCLE !
240 KM ENTRE TOULOUSE ET LA MÉDITERRANÉE, 12 000 OUVRIERS !
ET IL FONCTIONNE ENCORE !

À CETTE ÉPOQUE, L'AUTORITÉ D'UN ROI REPOSE AUSSI SUR SA FORCE MILITAIRE.
LOUIS XIV A MENÉ EN TOUT 31 ANNÉES DE GUERRE !
HOLÀLÀ !
IL A VOULU SE MESURER AUX PLUS GRANDES PUISSANCES DE SON TEMPS ET FAIRE DE LA FRANCE UN PAYS CRAINT.
POUR CELA, IL A MIS SUR PIED LA PLUS GRANDE ARMÉE D'EUROPE, AVEC 300 000 HOMMES, ET UNE VASTE MARINE DE GUERRE : "LA ROYALE".

À PLUSIEURS REPRISES, IL BAT L'ESPAGNE, LORS DE LA "GUERRE DE DÉVOLUTION" (1667-1668) ET CELLE DE HOLLANDE (1672-1678), PAR EXEMPLE...
PUIS, LORS DE LA GUERRE DE LA LIGUE D'AUGSBOURG (1688-1697), LA FRANCE SE BAT CONTRE PRESQUE TOUS LES PRINCES EUROPÉENS !
LE ROI COMBAT LUI-MÊME ?
NON, MAIS IL S'EST PLUSIEURS FOIS RENDU SUR LES CHAMPS DE BATAILLE.
ET IL A GAGNÉ À CHAQUE FOIS ?
QUAND MÊME PAS, MAIS IL A RENFORCÉ LE TERRITOIRE.

DES TERRITOIRES SONT GAGNÉS AU NORD-EST ET AU SUD.
LILLE ET BESANÇON, PAR EXEMPLE, DEVIENNENT FRANÇAISES EN 1668 ET 1678.
LILLE
BESANÇON
PERPIGNAN
LES FRONTIÈRES SONT PROTÉGÉES PAR UNE SÉRIE DE FORTIFICATIONS SURNOMMÉE "LA CEINTURE DE FER"...
LEUR CONSTRUCTION EST CONFIÉE À VAUBAN, INGÉNIEUR ET MILITAIRE.
VILLE FORTIFIÉE PAR VAUBAN, VILLE IMPRENABLE ; VILLE ASSIÉGÉE PAR VAUBAN, VILLE PRISE !

LES CONQUÊTES SE FONT AUSSI "OUTRE-MER".
UN IMMENSE TERRITOIRE, APPELÉ LOUISIANE EN L'HONNEUR DU ROI, EST COLONISÉ EN AMÉRIQUE DU NORD.
UN FAR WEST FRANÇAIS !
LOUISIANE
POUR LOUIS XIV, IL S'AGIT DE RENFORCER SON POUVOIR ET L'INFLUENCE DE LA FRANCE.
S'AGRANDIR EST LA PLUS DIGNE ET LA PLUS AGRÉABLE OCCUPATION DES SOUVERAINS.
TU VOIS, IL NE LUI A PAS SUFFI DE NAÎTRE ROI POUR AFFIRMER SON POUVOIR !
ET CE N'EST PAS FINI !
AH BON ?

OUTRE SON POUVOIR POLITIQUE ET SON POUVOIR MILITAIRE, LOUIS XIV DOIT AUSSI AFFIRMER SON POUVOIR RELIGIEUX.
C'EST AUSSI IMPORTANT !?
AH OUI ! EN CE TEMPS-LÀ, ON CONSIDÈRE QUE LE ROI A ÉTÉ CHOISI PAR DIEU : IL EST "SACRÉ" !
DANS CE DOMAINE, LOUIS XIV NE VOULAIT PAS NON PLUS DE CONCURRENT...
OR LES FRANÇAIS ÉTAIENT CHRÉTIENS ET ILS OBÉISSAIENT DONC AU PAPE DE ROME...
LOUIS LE FAIT ARRÊTER PAR D'ARTAGNAN ?

NON ! IL NE PEUT PAS FAIRE ÇA ! MAIS IL S'ARRANGE POUR RÉDUIRE SON INFLUENCE !
EN 1682, IL FAIT ÉCRIRE PAR BOSSUET UNE DÉCLARATION QUI REND L'ÉGLISE DE FRANCE INDÉPENDANTE DU PAPE.
IL AFFIRME QUE LE PAPE NE PEUT PAS DONNER D'ORDRE AU ROI. IL DÉCIDE DONC D'ORGANISER LUI-MÊME L'ÉGLISE DE FRANCE...
ON APPELLE ÇA LE GALLICANISME.
LÀ ENCORE, IL EST LE SEUL MAÎTRE !
OUI, MAIS IL CRAINT POURTANT DE NE PAS ÊTRE OBÉI PAR TOUS...

LOUIS XIV N'APPRÉCIE PAS LA PRÉSENCE EN FRANCE DES CHRÉTIENS PROTESTANTS.
ILS PROTESTENT ? CONTRE QUOI ?
ILS REPROCHENT À L'ÉGLISE D'ÊTRE TROP RICHE, PAR EXEMPLE...
ILS SE METTENT DONC À L'ÉCART AVEC LEURS PROPRES TEMPLES...
POUR LE ROI, CES CONTESTATAIRES SONT UN DANGER : LUI SERONT-ILS FIDÈLES ?
POURTANT, C'EST SON GRAND-PÈRE, HENRI IV, ANCIEN PROTESTANT, QUI LEUR AVAIT ACCORDÉ LA LIBERTÉ RELIGIEUSE AVEC L'ÉDIT DE NANTES (1598).

UNITÉ DU GOUVERNEMENT, DU TERRITOIRE ET DES CROYANCES : LOUIS XIV VEUT RÉGNER SUR UN ENSEMBLE QU'IL PEUT CONTRÔLER.

MAIS CE N'EST PAS TOUT, IL Y A AUSSI LE CONTRÔLE DES ARTS !
QUEL RAPPORT AVEC LE POUVOIR ?

EH BIEN, LOUIS XIV S'EST ENTOURÉ DE GRANDS ARTISTES POUR MIEUX CÉLÉBRER SA GLOIRE !
LOUIS XIV

MOLIÈRE, GRAND HOMME DE THÉÂTRE, ET LULLY, MUSICIEN, CRÉENT POUR LUI LA "COMÉDIE-BALLET".
EN 1670, LE ROI DANSE EN PERSONNE DANS LEUR PIÈCE "LES AMANTS MAGNIFIQUES" ET TIENT LE RÔLE D'APOLLON (LE DIEU SOLEIL).
COMME DANS SA JEUNESSE !
ABSOLUMENT !

LE DRAMATURGE RACINE, ENTRE DEUX TRAGÉDIES, ÉCRIT L'HISTOIRE DU RÈGNE DE LOUIS XIV...
LE ROI FAIT VENIR D'ITALIE UN GRAND SCULPTEUR, LE BERNIN, POUR FAIRE RÉALISER SON BUSTE...
C'EST RESSEMBLANT MAIS UN PEU FLATTEUR, NON ?
OUI, COMME SUR CE PORTRAIT DE RIGAUD OÙ LE ROI, DÉJÀ ÂGÉ, A DES JAMBES DE JEUNE HOMME !
IL A SURTOUT TOUS LES SYMBOLES DE SON POUVOIR : LA COURONNE, LE SCEPTRE, L'ÉPÉE...
IL EXISTE PLUS DE 200 PORTRAITS DE LUI-MÊME PAR PLEIN D'AUTRES PEINTRES, COMME CHARLES LE BRUN, PAR EXEMPLE...

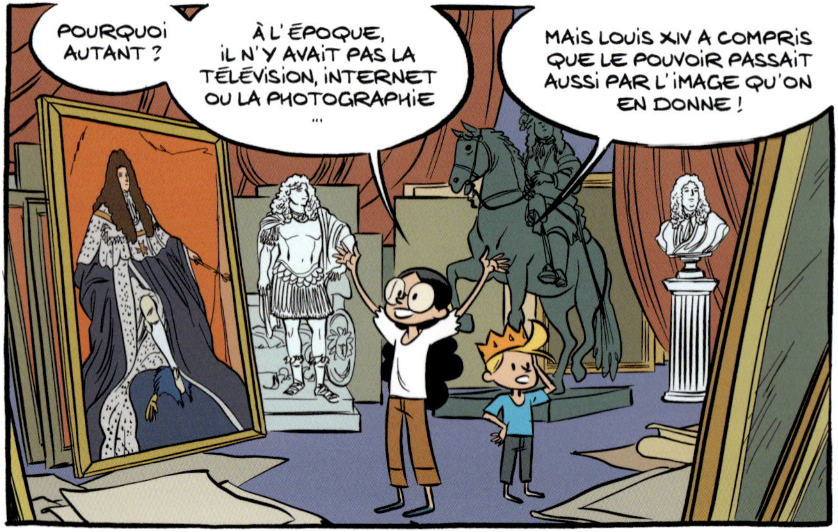
POURQUOI AUTANT ?
À L'ÉPOQUE, IL N'Y AVAIT PAS LA TÉLÉVISION, INTERNET OU LA PHOTOGRAPHIE ...
MAIS LOUIS XIV A COMPRIS QUE LE POUVOIR PASSAIT AUSSI PAR L'IMAGE QU'ON EN DONNE !

C'EST POURQUOI IL SE CHOISIT ÉGALEMENT COMME EMBLÈME LE SOLEIL : L'ASTRE QUI EST AU CENTRE ET ILLUMINE LE MONDE !
FACILE À COMPRENDRE ET À REPRODUIRE !
LA PLUS BELLE ET LA PLUS VIVE IMAGE D'UN MONARQUE !

LES ARTISTES DEVAIENT DONC OBÉIR AU ROI...
EH OUI, SINON ILS POUVAIENT TOMBER EUX AUSSI EN DISGRÂCE !
CERTAINS ONT PU GARDER LEUR INDÉPENDANCE, COMME JEAN DE LA FONTAINE DANS SES FABLES.
NE SOYEZ À LA COUR, SI VOUS VOULEZ Y PLAIRE, NI FADE ADULATEUR, NI PARLEUR TROP SINCÈRE.
LOUIS XIV NE L'AIMAIT PAS BEAUCOUP, MAIS IL N'A PAS PU LE FAIRE TAIRE : SES CRITIQUES N'ÉTAIENT JAMAIS DIRECTES...
EN RÉCOMPENSE, LE ROI ACCORDAIT À SES FIDÈLES DES RESPONSABILITÉS.
CHARLES PERRAULT, L'AUTEUR DES CONTES, ÉTAIT CHARGÉ DES ARTS AUPRÈS DE COLBERT.
UN VRAI CONTE DE FÉES !

UN ROI ABSOLU A DONC LES POUVOIRS POLITIQUES, MILITAIRES, RELIGIEUX ET ARTISTIQUES !
TU EN OUBLIES UN : LE POUVOIR DE SÉDUCTION !
COMMENT ÇA ??
LES RELATIONS AMOUREUSES SONT TRÈS IMPORTANTES AUSSI.
EN 1660, LOUIS ÉPOUSE MARIE-THÉRÈSE, LA FILLE DU ROI D'ESPAGNE (QUI EST AUSSI SA COUSINE)...
MAIS IL Y EST OBLIGÉ : C'EST UN MARIAGE POLITIQUE, POUR FAIRE LA PAIX ENTRE LES DEUX PAYS...
IL N'EST PAS SI PUISSANT S'IL NE PEUT PAS CHOISIR CELLE QU'IL AIME...

EN FAIT, IL A EU ENSUITE TOUTE SA VIE DES FAVORITES.
QUOI ? D'AUTRES AMOUREUSES ? ALORS QU'IL ÉTAIT MARIÉ ?
MAIS OUI ! LA DUCHESSE DE LA VALLIÈRE, PUIS MADAME DE MONTESPAN, MADAME DE MAINTENON...
IL A EU 6 ENFANTS AVEC SON ÉPOUSE, DONT UN SEUL ARRIVERA À L'ÂGE ADULTE, ET UNE QUINZAINE AVEC SES FAVORITES !
ET TOUT LE MONDE ACCEPTE ?
EH OUI ! C'EST UN ASPECT ADMIRÉ DE LA PUISSANCE DU ROI. MADAME DE MONTESPAN ÉTAIT TRÈS BELLE...

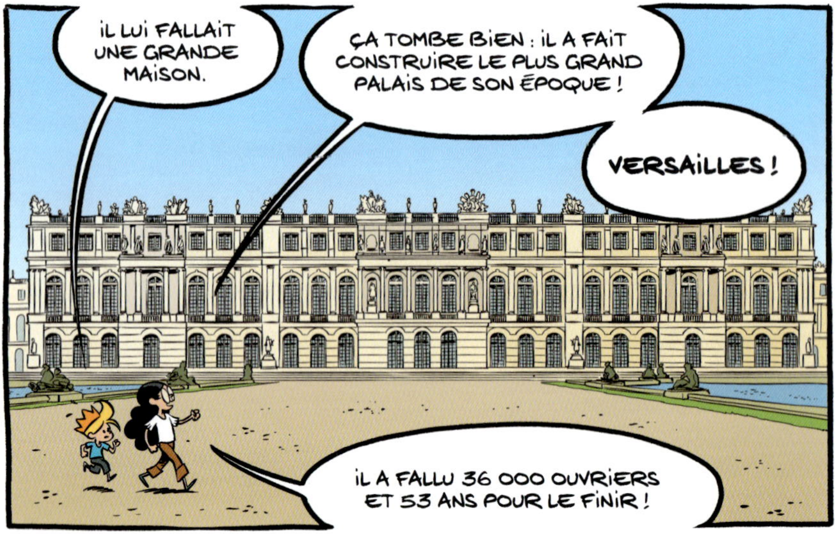
IL LUI FALLAIT UNE GRANDE MAISON.
ÇA TOMBE BIEN : IL A FAIT CONSTRUIRE LE PLUS GRAND PALAIS DE SON ÉPOQUE !
VERSAILLES !
IL A FALLU 36 000 OUVRIERS ET 53 ANS POUR LE FINIR !

TOUT LE CHÂTEAU EST FAIT POUR GLORIFIER LE ROI QUI S'Y INSTALLE EN 1682...
LE BÂTIMENT ET LES JARDINS CONÇUS PAR LE VAU ET LE NÔTRE RAYONNENT AUTOUR DE SES APPARTEMENTS.
COMME DES RAYONS DE SOLEIL !
EXACTEMENT !

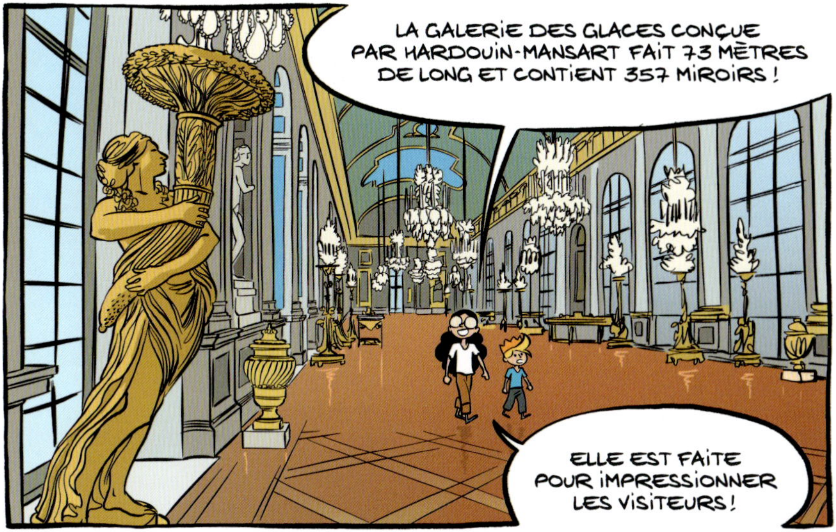
LA GALERIE DES GLACES CONÇUE PAR HARDOUIN-MANSART FAIT 73 MÈTRES DE LONG ET CONTIENT 357 MIROIRS !
ELLE EST FAITE POUR IMPRESSIONNER LES VISITEURS !

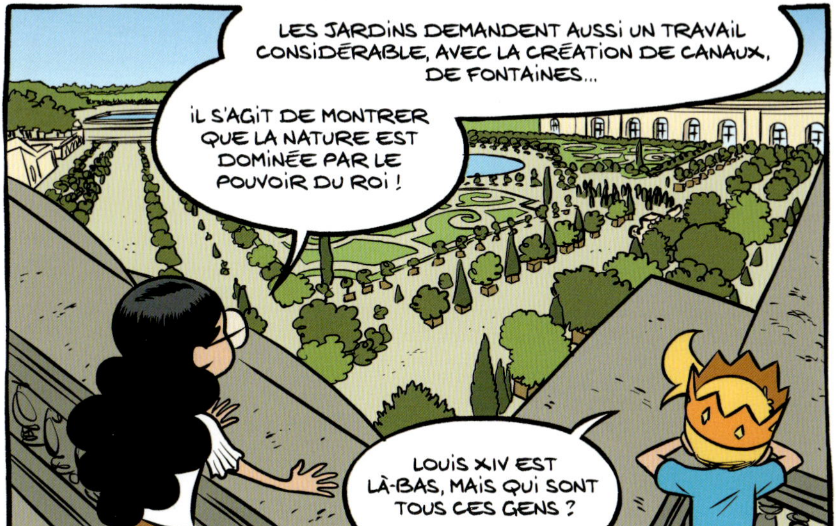
LES JARDINS DEMANDENT AUSSI UN TRAVAIL CONSIDÉRABLE, AVEC LA CRÉATION DE CANAUX, DE FONTAINES...
IL S'AGIT DE MONTRER QUE LA NATURE EST DOMINÉE PAR LE POUVOIR DU ROI !
LOUIS XIV EST LÀ-BAS, MAIS QUI SONT TOUS CES GENS ?

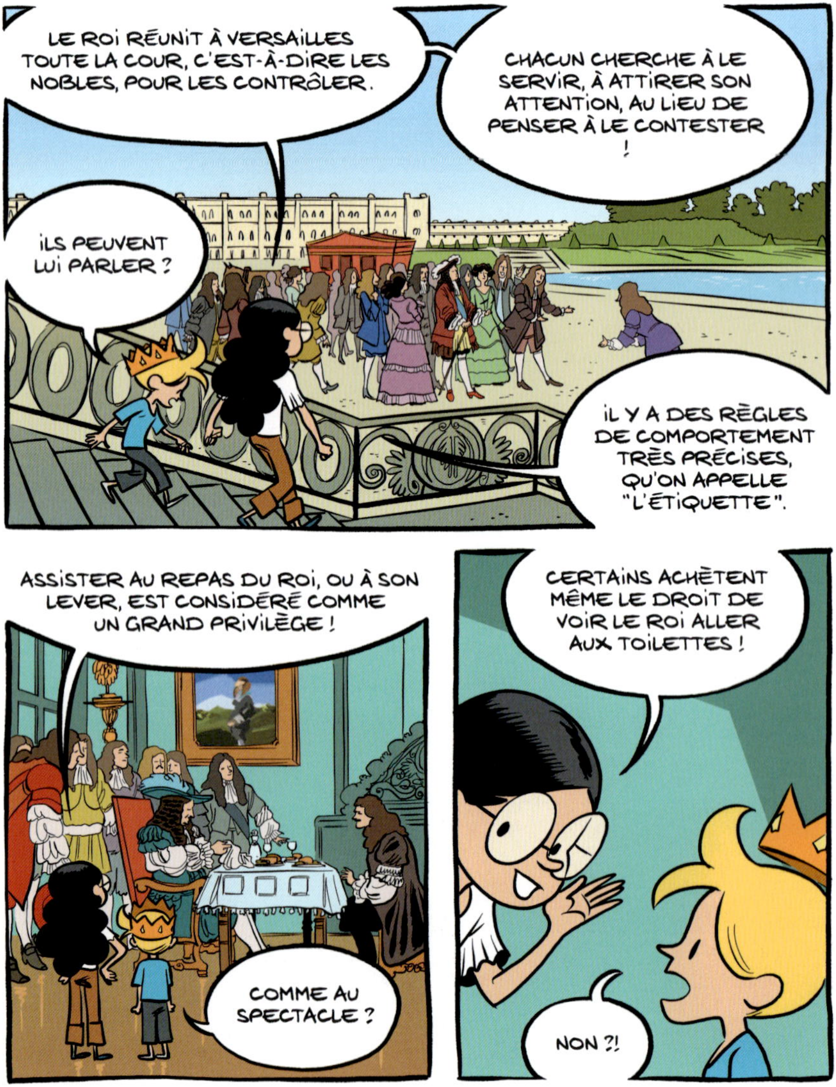
LE ROI RÉUNIT À VERSAILLES TOUTE LA COUR, C'EST-À-DIRE LES NOBLES, POUR LES CONTRÔLER.
CHACUN CHERCHE À LE SERVIR, À ATTIRER SON ATTENTION, AU LIEU DE PENSER À LE CONTESTER !
ILS PEUVENT LUI PARLER ?
IL Y A DES RÈGLES DE COMPORTEMENT TRÈS PRÉCISES, QU'ON APPELLE "L'ÉTIQUETTE".
ASSISTER AU REPAS DU ROI, OU À SON LEVER, EST CONSIDÉRÉ COMME UN GRAND PRIVILÈGE !
COMME AU SPECTACLE ?
CERTAINS ACHÈTENT MÊME LE DROIT DE VOIR LE ROI ALLER AUX TOILETTES !
NON ?!

D'IMMENSES FÊTES SONT ORGANISÉES : DES REPRÉSENTATIONS DE MOLIÈRE, DES FEUX D'ARTIFICE...
JUSQU'À 10 000 PERSONNES PASSENT CHAQUE JOUR AU CHÂTEAU.
PAS ÉTONNANT, C'EST MAGNIFIQUE !

TOUT TOURNE AUTOUR DE LOUIS XIV. LE CHÂTEAU DE VERSAILLES SYMBOLISE PARFAITEMENT SON POUVOIR ABSOLU.
C'EST LÀ QUE LE "ROI-SOLEIL" EST À SON ZÉNITH, ET SA RÉPUTATION BRILLE SUR L'EUROPE ENTIÈRE...
IL N'EN FAIT PAS UN PEU TROP QUAND MÊME ?

EN TOUT CAS, TOUT LUI RÉUSSIT !
MMH, EN CE QUI CONCERNE SON IMMENSE POUVOIR, SANS DOUTE...
MAIS IL NE FAUT PAS SE LAISSER AVEUGLER ...
LE SOLEIL DE "LOUIS LE GRAND" PROJETTE AUSSI DES OMBRES ...
PERSONNE NE POUVAIT CRITIQUER LE ROI. ON POUVAIT ÊTRE EMPRISONNÉ POUR UN ÉCRIT !
PLUS DE 200 000 PROTESTANTS ONT FUI LA FRANCE, D'AUTRES SE SONT RÉVOLTÉS, COMME LES CAMISARDS EN 1702...

LES GUERRES PERMANENTES ONT DRESSÉ L'EUROPE CONTRE LA FRANCE, ET ÇA L'A RUINÉE...
LES CONQUÊTES COLONIALES ONT ENTRAÎNÉ LA CRÉATION DU CODE NOIR (1685), POUR ORGANISER ET RENFORCER L'ESCLAVAGE.
LOUIS XIV VOULAIT UN POUVOIR ABSOLU, MAIS IL Y AVAIT UN PRIX À PAYER... ET SES DERNIÈRES ANNÉES ONT ÉTÉ DIFFICILES.
POUR LUI OU POUR LES AUTRES ?
POUR LES DEUX, NINO...

LE DERNIER CONFLIT QU'IL MÈNE, LA GUERRE DE SUCCESSION D'ESPAGNE (OÙ SON PETIT-FILS A ÉTÉ DÉSIGNÉ ROI), ÉPUISE LA FRANCE ET LE FAIT DOUTER.

MAIS C'EST PIRE DANS SA FAMILLE : SON FRÈRE CADET, PHILIPPE, MEURT EN 1701 APRÈS S'ÊTRE DISPUTÉ AVEC LUI. PRESQUE TOUS SES HÉRITIERS DÉCÈDENT LES UNS APRÈS LES AUTRES.

CES ÉVÉNEMENTS FONT PERDRE DE L'ÉCLAT AU "SOLEIL", QUI PASSE PLUS DE TEMPS À LA MESSE QU'AUX FÊTES ET SUR LES CHAMPS DE BATAILLE.
TOUT CE QUI FAISAIT SA FORCE DISPARAÎT PETIT À PETIT...
SA POPULARITÉ DIMINUE...
EN AOÛT 1715, UNE DOULEUR À LA JAMBE SE DÉCLARE : LA GANGRÈNE S'EST INSTALLÉE...
?
ÇA SE GUÉRIT ?
NON...
AÏE !

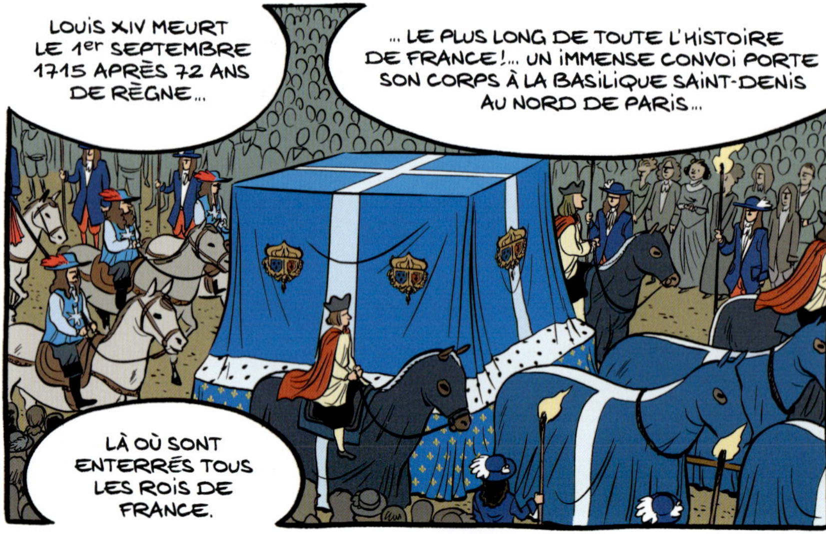
LOUIS XIV MEURT LE 1er SEPTEMBRE 1715 APRÈS 72 ANS DE RÈGNE...
... LE PLUS LONG DE TOUTE L'HISTOIRE DE FRANCE !... UN IMMENSE CONVOI PORTE SON CORPS À LA BASILIQUE SAINT-DENIS AU NORD DE PARIS...
LÀ OÙ SONT ENTERRÉS TOUS LES ROIS DE FRANCE.

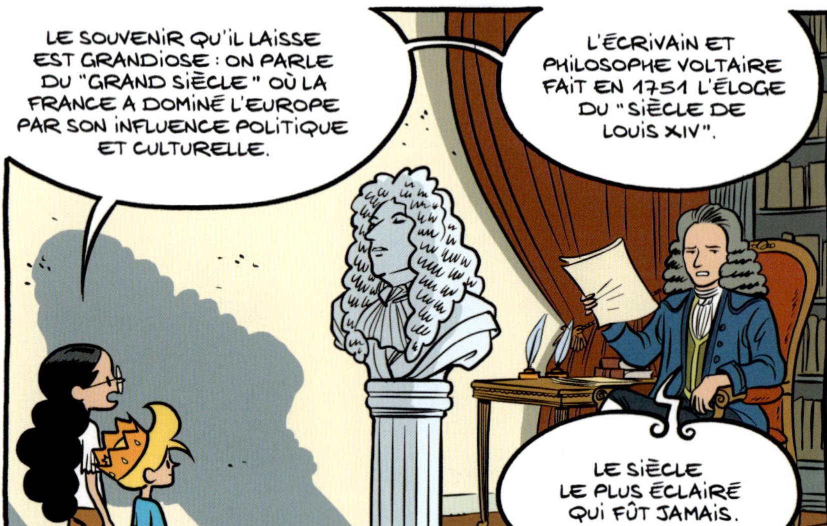
LE SOUVENIR QU'IL LAISSE EST GRANDIOSE : ON PARLE DU "GRAND SIÈCLE" OÙ LA FRANCE A DOMINÉ L'EUROPE PAR SON INFLUENCE POLITIQUE ET CULTURELLE.
L'ÉCRIVAIN ET PHILOSOPHE VOLTAIRE FAIT EN 1751 L'ÉLOGE DU "SIÈCLE DE LOUIS XIV".
LE SIÈCLE LE PLUS ÉCLAIRÉ QUI FÛT JAMAIS.

LOUIS XIV LAISSE SES "MÉMOIRES" POUR APPRENDRE À SES SUCCESSEURS LE MÉTIER DE ROI.

MAIS LOUIS XV, SON ARRIÈRE-PETIT-FILS, MONTE SUR LE TRÔNE À CINQ ANS ET, ADULTE, DEVIENT VITE IMPOPULAIRE...

PUIS LOUIS XVI DONNE L'IMAGE D'UN ROI FAIBLE, INCAPABLE DE PORTER UN AUSSI GRAND POUVOIR.

IL EST DÉTRÔNÉ ET EXÉCUTÉ LORS DE LA RÉVOLUTION QUI DÉBUTE EN 1789.
TOC !
TU VOIS, NINO, IL NE SUFFIT PAS D'UNE COURONNE POUR DISPOSER D'UN POUVOIR ABSOLU.
JE VAIS QUAND MÊME UTILISER MON POUVOIR POUR RÉCLAMER UNE AUTRE PART DE GALETTE !

Pour en savoir plus...

Quelques personnages historiques

Jules Mazarin

(1602-1661)

Originaire d'Italie et travaillant pour le pape, Jules Mazarin passe au service du roi de France Louis XIII en 1639 sur les conseils du cardinal de Richelieu. Ministre au Conseil du roi et parrain du petit Louis XIV, il exerce le pouvoir à la mort de Louis XIII. La Fronde se déclenche en grande partie contre Mazarin : des textes insultants, appelés les "mazarinades", s'en prennent à lui. Lorsqu'il meurt, Louis XIV décide de ne pas le remplacer.

Nicolas Fouquet

(1615-1680)

Fidèle au roi pendant la Fronde, Fouquet est nommé par Mazarin surintendant des finances en 1653. Il constitue une immense fortune, grâce à laquelle il se fait construire le château de Vaux-le-Vicomte et finance des artistes comme La Fontaine ou Molière. Inquiet de son ambition, et peut-être jaloux de sa réussite, Louis XIV le fait arrêter en 1661. Il meurt en prison, alors que Louis XIV fait construire Versailles, décoré et animé par les artistes de Fouquet.

Madame de Montespan

(1640-1707)

La marquise de Montespan devient la favorite de Louis XIV en 1674, installée dans un appartement voisin à celui du roi. Elle donne sept enfants à Louis XIV, bien que toujours mariée au marquis de Montespan. D'un caractère charmeur, mais aussi capable de se montrer mordante, elle exerce une grande influence sur la cour. Compromise dans une affaire de poisons, elle tombe en disgrâce en 1683 et se tourne vers la religion.

Madame de Maintenon

(1635-1719)

Françoise d'Aubigné est une amie de Madame de Montespan et devient la gouvernante des enfants que cette dernière a eu avec Louis XIV. Son arrivée à la cour et la séduction qu'elle exerce sur le roi lui permettent d'acheter une terre et de devenir marquise de Maintenon. En 1683, elle épouse en secret Louis XIV après la mort de la reine Marie-Thérèse. Très chrétienne et influente auprès du roi, elle l'incite à mener une vie moins fastueuse.

Une journée de Louis XIV à Versailles

Le roi devait suivre un cérémonial minuté, qui se répétait chaque jour, et auquel assistait la cour.

8h - **Le petit lever.** Le roi est réveillé et lavé. Les médecins s'assurent qu'il se porte bien. Seuls les plus proches sont admis.

Au petit lever, le barbier enlève le bonnet de nuit du roi et lui met sa perruque du matin.

8h30 - **Le grand lever.** Le roi est habillé et déjeune d'un bouillon, plusieurs dizaines de personnes y assistent.

10h - Le roi sort de ses appartements et une procession se forme dans la galerie des Glaces, devant une foule de courtisans qui veulent l'apercevoir ou tenter de lui dire quelques mots. Il se rend à la chapelle royale pour assister à **la messe**.

11h - Le roi tient **conseil avec ses ministres** tous les jours, même le dimanche, suivant des sections bien définies : le Conseil d'en haut, le Conseil des finances, le Conseil des dépêches, le Conseil privé...

13h - **Le petit couvert.** Le roi mange en privé, seuls les spectateurs du lever y sont admis. Les serviteurs défilent avec des plats.

14 h - **Promenade** dans les jardins ou **chasse** dans le parc.

18 h - Soirées d'appartement. Des jeux, comme les cartes, et des danses sont organisés dans le Grand Appartement. Le roi y vient parfois et en profite souvent pour signer ses lettres, recevoir des ministres...

Lors du petit couvert, le roi déjeune dans sa chambre.

22 h - Le grand couvert. Le roi soupe avec la famille royale. Une foule y assiste.

23 h - Le grand coucher. Après la prière, le roi est déshabillé. Un courtisan est autorisé à tenir son bougeoir.

23 h 30 - Le petit coucher. Le roi termine sa toilette et se met au lit. Seul le premier valet de chambre reste et dort dans un lit au pied de celui du roi, pour le réveiller le lendemain.

La guerre de Succession d'Espagne

Pourquoi Louis XIV est-il concerné par une guerre d'Espagne ?

En 1700, **l'Espagne est un État d'Europe très important**, avec des possessions étendues. Mais son roi, Charles II, meurt sans héritier direct.

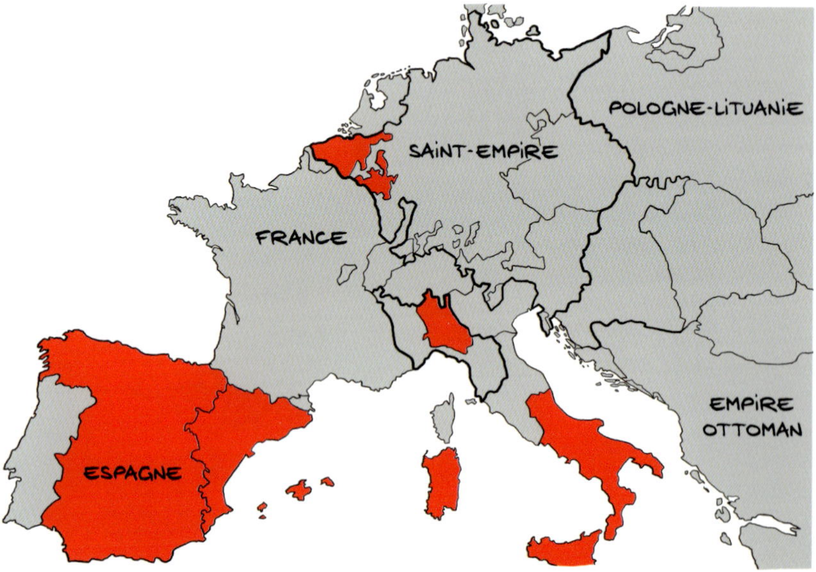

Carte des possessions espagnoles en 1700.

C'est un petit-fils de Louis XIV qui monte sur le trône sous le nom de **Philippe V**, car la mère et la femme de Louis XIV étaient des princesses espagnoles.

Louis XIV installe des troupes aux Pays-Bas espagnols et envisage de laisser à Philippe le trône de France, en plus de celui d'Espagne, lorsqu'il mourra. Les autres pays européens voient ces mesures comme une menace : l'État constitué serait trop puissant.

En 1701, l'Angleterre, les Provinces-Unies et le Saint-Empire forment une "Grande Alliance", qui **déclare la guerre à la France et à l'Espagne** en 1702. Louis XIV met alors sur pied une armée de 200 000 hommes.

Louis XIV et son petit-fils Philippe.

La "Grande Alliance" remporte les premières victoires à Barcelone, à Lille, en Sicile... Louis XIV demande la paix en 1709, mais **ses ennemis exigent qu'il détrône Philippe V**, ce qu'il refuse. La guerre connaît alors un tournant.

L'armée française s'appuie sur les forts de Vauban et reprend l'avantage. En Espagne, Philippe V remporte lui aussi des victoires. L'Angleterre accepte la paix en 1713, le Saint-Empire en 1714, ce qui met fin à la guerre.

La France est alors le pays le plus peuplé d'Europe avec 20 millions d'habitants, mais elle abandonne la supériorité sur les mers et l'Amérique à l'Angleterre. L'Espagne perd ses territoires européens ; ses rois sont encore aujourd'hui les descendants de Louis XIV.

Le fil chronologique

1638
Naissance de Louis-Dieudonné, futur Louis XIV.

1643
Louis XIV devient roi à la mort de son père Louis XIII, sous le contrôle de Mazarin.

1661
À la mort de Mazarin, Louis XIV annonce qu'il gouvernera désormais seul.

1682
Louis XIV et la cour s'installent définitivement à Versailles.

1685
Par l'édit de Fontainebleau, Louis XIV interdit la religion protestante en France.

1700
Louis XIV installe son petit-fils sur le trône d'Espagne, ce qui déclenche une guerre européenne.

1648 - 1653 : Louis XIV fait face à une révolte appelée la Fronde.

1653 : Louis XIV danse vêtu en soleil dans le *Ballet de la nuit*.

1654 : Louis XIV est sacré en la cathédrale de Reims.

1660 : Louis XIV est marié à Marie-Thérèse d'Autriche, la fille du roi d'Espagne.

1710 : Naissance du futur Louis XV, l'arrière-petit-fils de Louis XIV.

1714 : Fin de la guerre de Succession d'Espagne.

1715 : Mort de Louis XIV.

Dans la même collection

ANTIQUITÉ

La pyramide de Khéops
La Grande Muraille de Chine
Les Gaulois
Les gladiateurs

MOYEN ÂGE

Les croisades

TEMPS MODERNES

Louis XIV

ÉPOQUE CONTEMPORAINE

L'or noir
Albert Einstein
La guerre des tranchées